Ernst Probst

Claudette Colbert - Die Komödien-Königin

Ernst Probst

Claudette Colbert - Die Komödien-Königin

GRIN Verlag

Bibliografische Information der Deutschen Nationalbibliothek: Die Deutsche Bibliothek verzeichnet diese Publikation in der Deutschen Nationalbibliografie; detaillierte bibliografische Daten sind im Internet über http://dnb.d-nb.de/ abrufbar.

1. Auflage 2012
Copyright © 2012 GRIN Verlag GmbH
http://www.grin.com
Druck und Bindung: Books on Demand GmbH, Norderstedt Germany
ISBN 978-3-656-23428-9

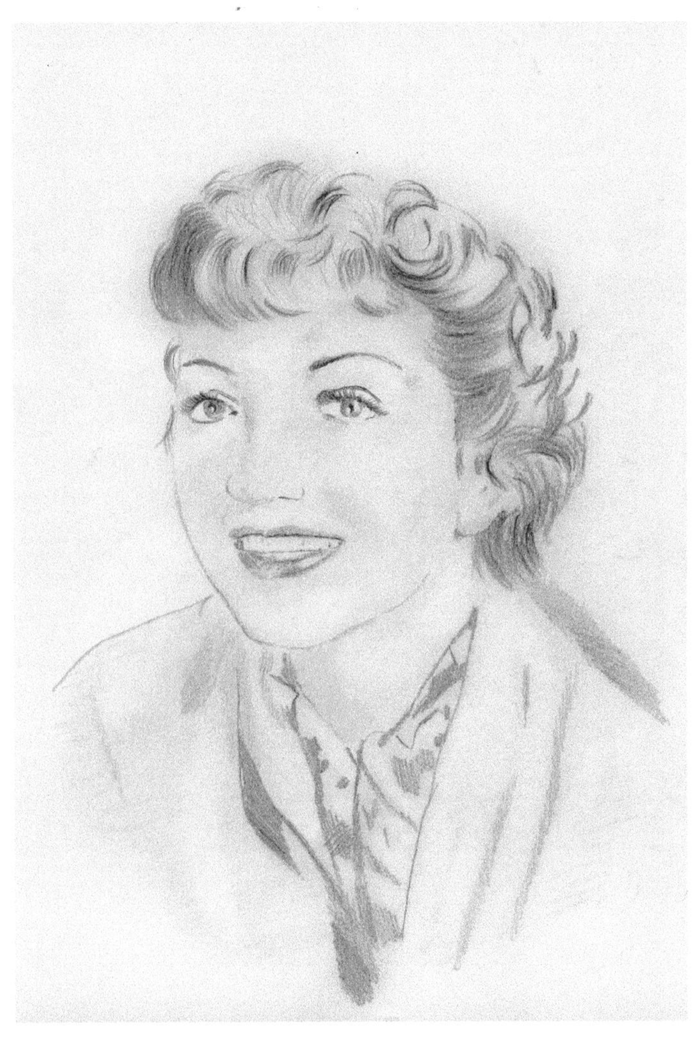

Claudette Colbert (1903–1996),
Zeichnung von Marc Heiko Ulrich, Kunstzeichner.de

Ernst Probst

Claudette Colbert

Die Komödien-Königin

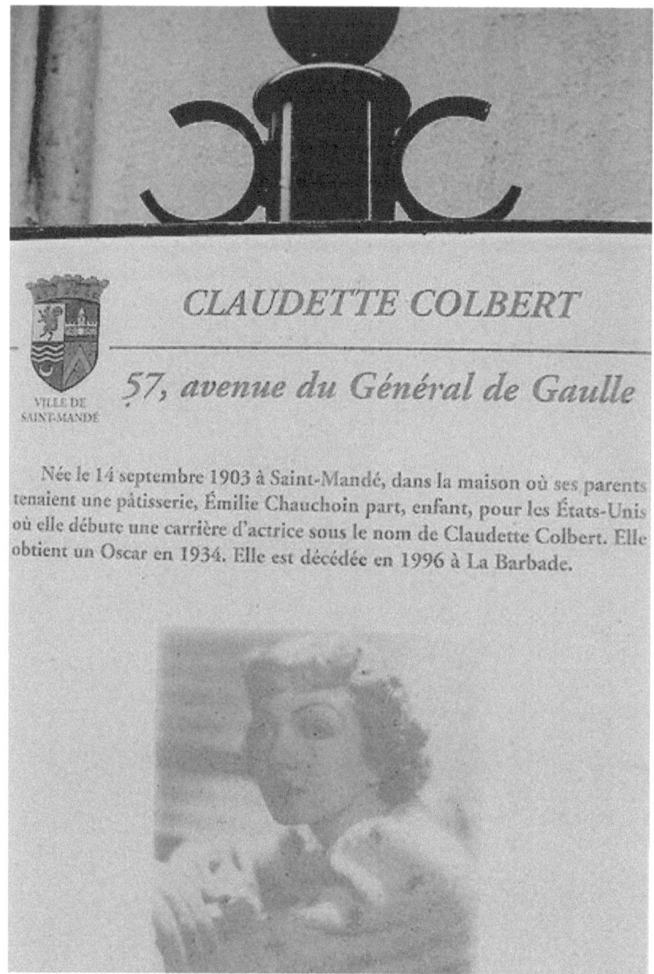

Gedenktafel im Geburtsort Saint-Mandé
von Claudette Colbert (1903–1996)

Claudette Colbert

Die Komödien-Königin

Als Komödien-Königin begeisterte die französische Schauspielerin Claudette Colbert (1903–1996), eigentlich Émilie Claudette Chauchoin, in den 1930-er und 1940-er Jahren das Kinopublikum. Sie mimte mit großem Erfolg vor allem jene Art von Frau, die nach oben kommt, wenn sie das will. Notfalls schneiderte sie sich aus einer Fußmatte ein extravagantes Kostüm und verschaffte sich damit Zutritt zu höheren Kreisen.
Émilie Claudette Chauchoin kam am Sonntag, 13. September 1903, als Tochter des Bankiers George Claude Chauchoin und der Konditorin Jeanne Loew Chauchoin in Saint-Mandé östlich von Paris zur Welt. Sie wurde im Sternkreiszeichen Jungfrau geboren. Ihre Familie wanderte 1906 in die USA aus und ließ sich in New York City nieder. In manchen Biografien heißt es, Claudette sei erst 1905 geboren worden und mit acht Jahren nach Amerika gekommen.
In der Schule war Claudette immer die Kleinste in der Klasse. Wenn der Unterricht sie langweilte und sie zur Abwechslung etwas lesen wollte, konnte sie sich leicht hinter dem Rücken ihrer größeren Mitschülerinnen verstecken. Ihre Lehrerin hat angeblich nie gesehen, ob sie da war oder nicht.

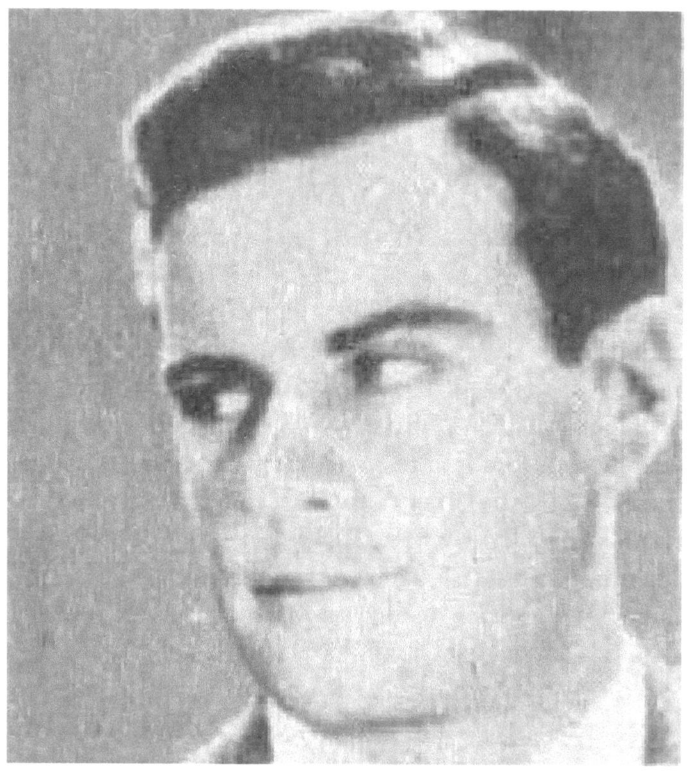

Norman Foster (1903–1976)

Im Alter von 15 Jahren feierte Claudette am „Province-town Playhouse" ihr Debüt auf der Theaterbühne. Nach dem Verlassen der „Washington Irving High School" 1923 wollte sie anfangs Modedesignerin werden, weswegen sie eine Berufslaufbahn in einem Mode-geschäft begann. Nebenher gab Claudette französischen Sprachunterricht, um zusätzlich etwas Geld zu ver-dienen.

Am Theater arbeitete Claudette zuerst als Bühnen-bildnerin. Durch Vermittlung einer Freundin erhielt sie 1923 eine winzige Bühnenrolle in dem Stück „Wild Westcotts". Ihre Aufgabe war es, drei Zeilen Text zu sprechen, und das machte sie überzeugend. Auch in den folgenden Jahren musste sie sich zunächst mit kleinen Rollen begnügen. 1925/1926 trat sie in dem Stück „A Kiss in a Taxi" („Ein Kuss im Taxi") am Broadway in New York City auf. Ab 1927 trug sie den Künstlernamen Claudette Colbert. Als Schlangenbeschwörerin Lou erlebte sie 1927 in dem Schauspiel „The Barker" ihren ersten großen Auftritt auf der Theaterbühne.

Am 13. März 1928 heiratete Claudette Colbert ihren Schauspielerkollegen Norman Foster (1903–1976), mit dem sie in „The Barker" aufgetreten war. Doch bereits nach kurzer Zeit trennte sich das Paar wieder. Im August 1935 wurde Claudette von Norman geschieden. Foster wagte 1937 eine zweite Ehe mit der Schauspielerin Sally Blane (1910–1997). Aus dieser Ehe, die bis zum Tod von Norman hielt, gingen zwei Kinder hervor.

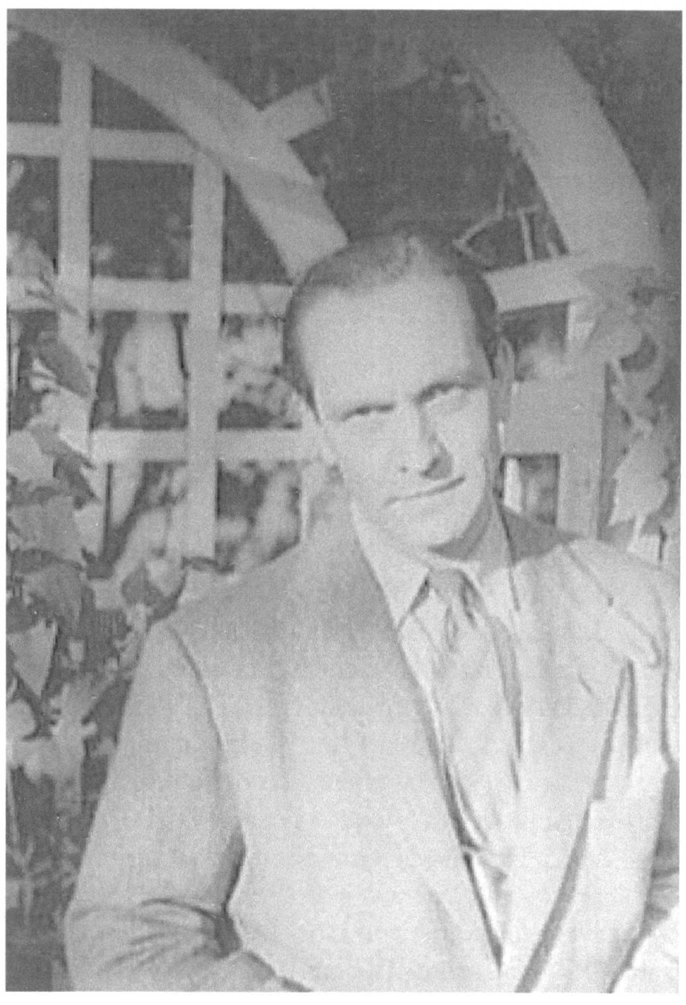

Frederic March (1897–1972)

Als Rollen im Theater wegen der Weltwirtschaftskrise extrem knapp wurden, entschied sich Claudette Colbert, ihr Glück im Film zu versuchen. Richtig begeistert war sie davon aber nicht. Unter der Regie von Frank Capra (1897–1991) drehte sie ihren ersten Stummfilm „For the Love of Mike" („Aus Liebe zu Mike", 1927). Dieser mit geringem finanziellem Aufwand von „Robert Kane Productions" hergestellte Streifen wurde aber wenig beachtet. Deswegen schwor Claudette voreilig, dies werde ihre letzte Filmrolle sein. Sie kehrte zum Theater zurück, nahm aber weiterhin kleine Film-rollen an.

Etwas erfolgreicher als in „For the Love of Mike" war Claudette Colbert in den Streifen „The Hole in the Wall" („Das Loch in der Wand", 1929) und „The Ladie Lies" (1929) von „Paramount Pictures". Zusammen mit Frederic March (1897–1972) drehte sie „Manslaughter" (1930). Neben Ginger Rogers (1911–1995) sah man sie in „Young Man of Manhattan" (1930). In der Komödie „The Big Pond" (1930) spielte sie an der Seite von Maurice Chevalier (1888–1929). Erneut mit Frederic March stand sie für „Honor Among Lovers" (1931) vor der Kamera.

Den ersten größeren Erfolg als Filmschauspielerin feierte Claudette Colbert neben Maurice Chevalier in „The Smiling Lieutenant" („Der lächelnde Leut-nant", 1931) unter der Regie von Ernst Lubitsch (1892–1947). Kurze Zeit sah es so aus, als wolle man sie auf das Klischeebild vom süßen, tapferen Mädchen festlegen.

Doch dann spielte Claudette Colbert im Monumentalfilm „The Sign of the Cross" („Im Zeichen des Kreuzes", 1932) neben Charles Laughton (1899–1962) die verruchte und lüsterne zweite Gattin Poppaea von Kaiser Nero. Ihr Bad in Eselsmilch machte Filmgeschichte. Dabei leckten streunende Katzen die über den Wannenrand spritzenden Milchtropfen auf. Von ihrem Auftritt als Poppaea war der Regisseur Cecil B. DeMille (1881–1959) so begeistert, dass er sie auch für andere Filme engagierte.

Mit Jimmy Durante (1893–1980), der wegen seiner großen Nase den Spitznamen „Schnozzola" trug, trat Claudette Colbert in „The Phantom President" (1932) auf. Gefeiert wurde Claudette nach ihrem überzeugenden Auftritt in „Tonight Is Our" („Aufruhr in Utopia", 1933). Ihr Name zog inzwischen die Massen in die Kinos.

Der Charme und die Stimme der 1,64 Meter großen Claudette Colbert haben Männer und Frauen gleichermaßen fasziniert. Sie war eine attraktive Erscheinung mit ihren hohen Wangenknochen und ihren großen Augen. Ihre Erotik wirkte wie fast eine kindliche Art von Unschuld. Über ihre Stimme heißt es, sie sei in wohligsten Momenten dem Schnurren einer Katze gleichgekommen. Immer blieb sie eine Dame, die sich erfolgreich dagegen wehrte, Rollen anzunehmen, die nicht ihrem Image entsprachen. Angeblich lag ihre Ausstrahlung genau in der Mitte zwischen der schlampigen Sexsirene Jean Harlow (1911–1937) und der unantastbaren Greta Garbo (1905–1990).

Nachdem viele etablierte Hollywood-Schauspielerinnen es abgelehnt hatten, in „It Happened One Night" („Es geschah in einer Nacht", 1934) mitzuwirken, bot das damals zweitklassige Studio „Columbia Pictures" Claudette Colbert eine Rolle in diesem Film an. Hierfür sagte man ihr mit 50.000 US-Dollar das Doppelte ihrer bisherigen Gage zu und garantierte ihr eine Drehzeit von nur vier Wochen. Mit ihrer Rolle als kapriziöse Millionenerbin Ellen Andrews, die vor ihrem Vater (Walter Connolly) flieht und sich in den entlassenen Zeitungsreporter Peter Warne verliebt, den Clark Gable (1901–1960) mimte, gewann Claudette Colbert den „Oscar" als beste Schauspielerin und Gable als bester Schauspieler. Gable war damals von „MGM"-Boss Louis B. Mayer (um 1885–1957) persönlich zur Strafe für „Unbotmäßigkeit" vom großen Filmstudio „Metro-Goldwyn-Mayer" an das kleinere Studio „Columbia Pictures" ausgeliehen worden, was er als „Verbannung nach Sibirien" empfand. Im Gedächtnis blieb den Zuschauern vor allem eine Szene, in der Claudette als Anhalterin ihr Kleid hochhebt, um ihren Strumpf zu zeigen. Das gemusterte Baumwollkleidchen von Claudette, ihr großer, runder Schulmädchenhut und ihre Ponyfrisur entfachten einen Modetrend. Auch später

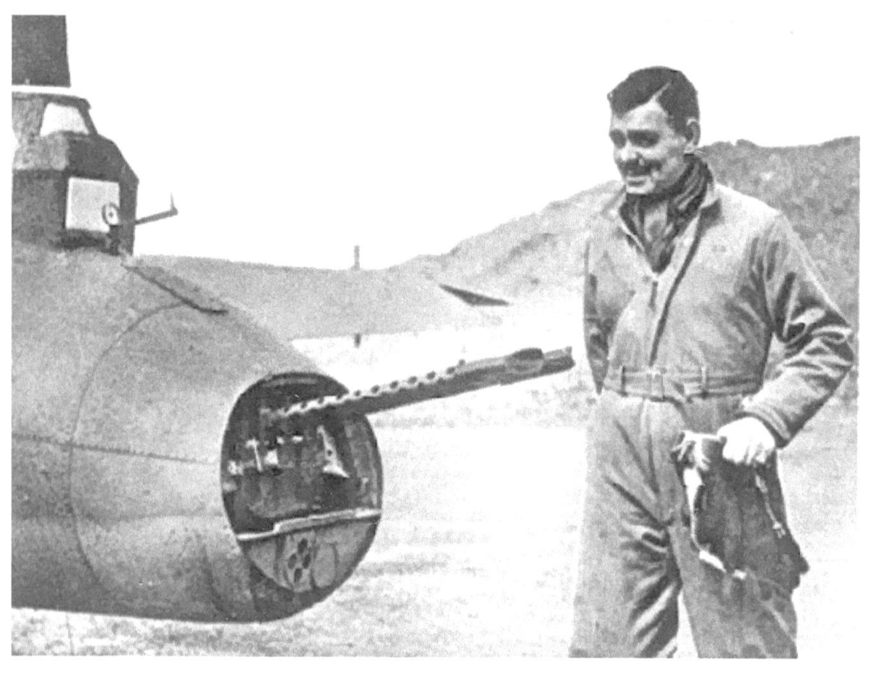

Clark Gable (1901–1960)

wollten viele Amerikanerinnen immer wieder die Garderobe, wie sie die Colbert in ihrem jeweils letzten Film getragen hatte, obwohl sie nie etwas Extravagantes anhatte. Weil Gable in jenem Film kein Unterhemd trug und viele Kinobesucher ihm nacheiferten, erlitt die amerikanische Unterwäsche-Branche merkliche Umsatzeinbußen. Dieser Streifen hatte zunächst einen mäßigen Start, entwickelte sich dann aber zu einem der größten finanziellen Erfolge des Jahres. Zudem erntete er die „Oscars" für den besten Film, das beste Drehbuch und die beste Regie.

Im Monumentalfilm „Cleopatra" (1934) mit mehr als 8.000 Darstellern verkörperte Claudette Colbert die Titelrolle als ägyptische Königin. Darin verführte sie gekonnt die Römer Caesar (Warren William, 1895–1948) und Marc Anton (Henry Wilcoxon, 1905–1984). Die Szenen in diesem Streifen erschienen damals so gewagt, dass die deutsche Erstaufführung erst 1953 erfolgte.

Beim Filmstudio „Universal Pictures" drehte Claudette Colbert das tränenreiche Melodram um Rassenvorurteile und Mutterliebe namens „Imitation of Life" („Frauen am Scheidewege", 1934) unter der Regie von John M. Stahl (1886–1950). Kurioserweise wurde auch dieser Film für den „Oscar" nominiert.

Trotz Einladung war die zweimal für „Oscars" nominierte Claudette Colbert 1935 nicht zur Preisverleihung gekommen. Sie glaubte nämlich, die ebenfalls nominierte amerikanische Schauspielerin Bette Davis (1908–

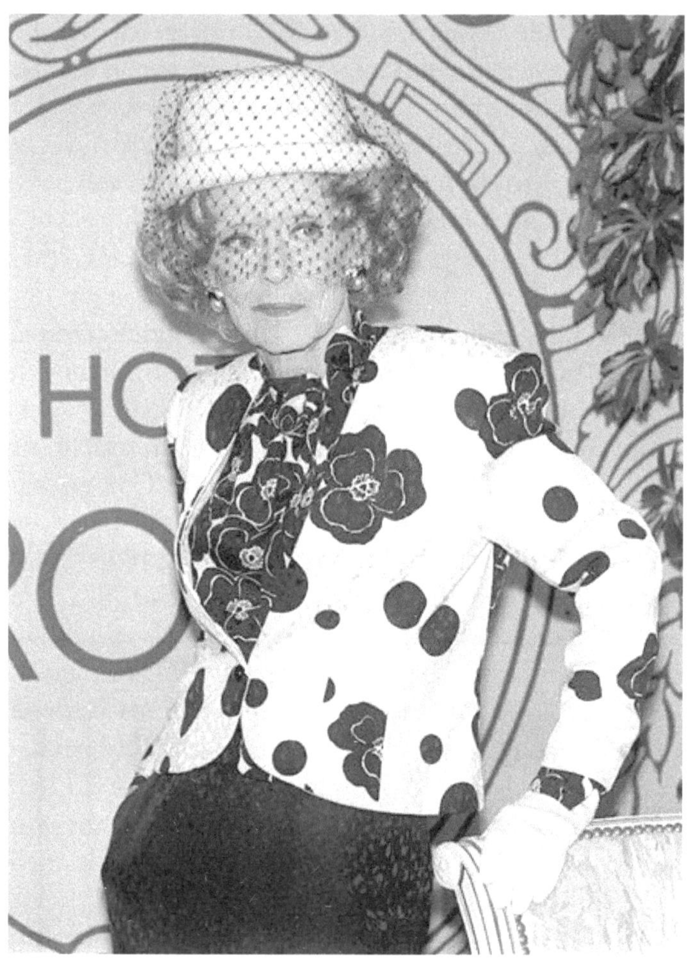

Bette Davis (1908–1989)

1989) würde gewinnen. Doch sie irrte sich und wurde von einem Bahnhof geholt, um ihren „Oscar" entgegenzunehmen.

Claudette Colbert ist eine von fünf französischen Filmschauspielern/innen, die bisher einen „Oscar" erhalten haben. Außer ihr waren Simone Signoret für „Room at the Top" (1959), Juliette Binoche für „Der Englische Patient" (1996), Marion Cotillard" für „La vie en rose" (2007) und Jean Dujardin für „The Artist" (2011) die Glücklichen. Bei den für einen „Oscar" Nominierten ist sie eine von elf Schauspielerinnen.

Der Kritiker Richard Schickeln urteilte über Claudette Colbert: „Ob sie die Königin vom Nil spielt oder ein ausgerissenes Mädchen, immer bewahrt sie eine Art von großäugiger Unschuld und jugendliche Heiterkeit, die nie ermüdet".

Nach ihrer Rückkehr zum Filmstudio „Paramount" bekam Claudette Colbert merklich gehaltvollere Rollen in erfolgreichen Komödien wie „The Gilded Lily" („Das Mädchen, das den Lord nicht wollte"), „Private Worlds" („Oberarzt Dr. Monet"), einem Drama über Psychiater, und „The Bride Comes Home" („Frauen-Launen"). Diese drei Filme kamen 1935 in die Kinos. Für „Private Worlds" unter der Regie von Gregory La Cava (1892–1952) wurde Claudette für einen weiteren „Oscar" nominiert. Ihre Gage für „The Bride Comes Home" betrug 150.000 US-Dollar. Als Filmpartnerin von Melvyn Douglas (1901–1981) agierte sie in „She Married Her Boss" („Sie heiratet ihren Chef", 1935).

Nach „The Gilded Lily" drehte Claudette Colbert zusammen mit Fred MacMurray (1908–1991) bis 1949 insgesamt 14 Filme. Die Beiden rivalisierten mit William Powell (1892–1984) und Myrna Loy (1905–1993) um den Titel des perfekten Paares auf der Kinoleinwand. Wenige Monate nach der Scheidung von Norman Foster heiratete Claudette Colbert am Heiligen Abend, 24. Dezember 1935, den Chirurgen Dr. Joel Pressman (1901–1968). Ihr Gatte war ein renommierer Professor der Chirurgie an der „University of California Medical School". Er hatte es nicht gern, wenn seine Gattin allzu lange von zu Hause fort war. Deswegen trat sie ungern am Broadway in New York City in Theaterstücken auf, die sehr erfolgreich waren und deswegen sehr lange aufgeführt wurden. Die zweite Ehe hielt bis zum Tod des Gatten. 1936 verdiente Claudette bereits 306.000 US-Dollar und galt damit als am höchsten bezahlter weiblicher Filmstar der USA.

In „Maid of Salem" („Im Kreuzverhör", 1937) spielte Claudette Colbert eine dramatische Rolle als eine der Hexerei angeklagte Puritanerin. Damit gefiel sie dem Kinopublikum weniger gut als in Komödien.

In der Folgezeit konzentrierte sich Claudette Colbert auf leichte Komödien wie „Bluebeard's Eight Wife" („Blaubarts achte Frau", 1938), „Midnight" („Midnight – Enthüllung um Mitternacht", 1939), „The Palm Beach

Story" („Atemlos nach Florida", 1942) und „Practically Yours" („Sturzflug ins Glück", 1944). Im Klassiker „Bluebeard's Eight Wife" bezauberte sie neben Gary Cooper (1901–1961) und David Niven (1910–1983). Darin philosophierte sie über die zwei Typen der Männerwelt: jene, die nur mit Pyjamahose schlafen und jene, die es nur mit der Jacke tun.

Mit einer Doppelrolle als Showgirl und Baronin brillierte Claudette Colbert in „Midnight" neben Don Ameche (1908–1993) und John Barrymore (1882–1942). Die Dreharbeiten für diesen Streifen gestalteten sich schwierig. Einerseits musste bei der Schauspielerin Mary Astor (1906–1987) deren fortschreitende Schwangerschaft kaschiert werden. Deshalb zeigte man meistens nur ihren Oberkörper oder präsentierte sie in sehr weiten Kleidern oder locker sitzenden Mänteln. Andererseits hatte John Barrymore nach jahrzehntelangem Alkoholmissbrauch erhebliche Probleme, seine Dialoge im Kopf behalten. Deswegen hielt man außerhalb des Kamerabereichs große Pappscheiben mit dem Text vor ihm hoch, den er somit ablesen konnte.

Als Dichterin überzeugte Claudette Colbert in der turbulenten Krimikomödie „It's a Wonderful Word" („Drunter und drüber", 1939). Darin hatte sie es mit zwei Morden, mit einem tollpatschigen Privatdetektiv und mit zwei Komikern vom Morddezernat zu tun,

In „Drums along the Mohawk" („Trommeln am Mohawk", 1939) begeisterten Claudette Colbert und

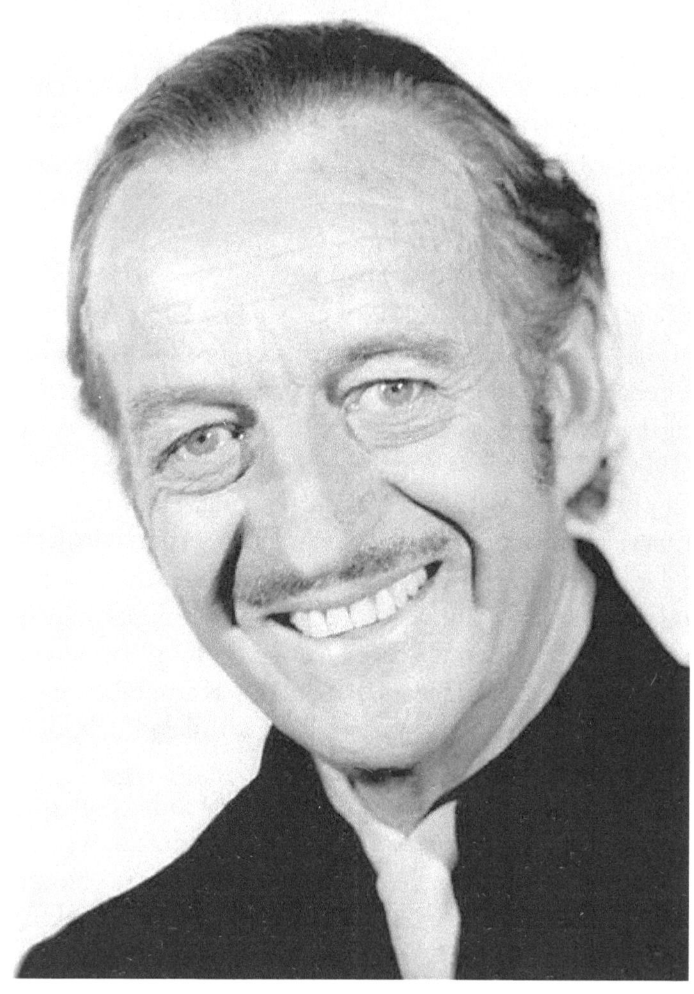

David Niven (1910–1983)

Henry Fonda (1905–1982) als jungverheiratetes Ehe-
paar Gilbert und Lana Martin. Die Beiden zogen 1776
aus dem Staat New York nach Westen und ließen sich
im Mohawk-Tal nieder. Als die englischen Kolonien
ihre Unabhängigkeit erklärten, brach Krieg aus, Gilbert
wurde eingezogen, musste an die Front und das Land
gegen eine verbündete Streitmacht aus Engländern und
Indianern verteidigen.
Mitte der 1940-er Jahre erhielt Claudette Colbert für
jeden Film eine Gage von 250.000 US-Dollar, womit
sie einer der am höchsten bezahlten Hollywood-
Schauspieler war. In „So Proudly We Hail!" („Mutige
Frauen", 1943) verkörperte Claudette eine Kranken-
schwester, die nach dem Fall von Bataan furchtbare
Qualen unter den Japanern erleiden musste.
Einer der größten Fans von Claudette Colbert war der
Drehbuchautor Allan Scott. Er hatte mit ihr in „Skylark"
(„Eheposse", 1941) und „So Proudly We Hail!" (1943)
zusammengearbeitet. Wenn Claudette mit einer seiner
Szenen ein Problem hatte, sagte sie nie, sie könne diese
nicht spielen.
Bis 1944 war Claudette Colbert beim Filmstudio „Paramount" unter Vertrag. Für „Since You Went Away" („Als
du Abschied nahmst", 1944) unter der Regie von John
Cromwell (1887–1979) spielte sie überzeugend eine lang-
leidende Kriegerfrau. Für diese Rolle nominierte man
sie erneut für den „Oscar". Dieser Streifen brachte an
den Kinokassen fast 5,5 Millionen US-Dollar ein.

In dem sentimentalen Drama „Tomorrow Is Forever" („Morgen ist die Ewigkeit", 1946) stellte Claudette Colbert überzeugend eine Frau dar, die vor der Geburt ihres Sohnes erfuhr, dass ihr Ehemann John im Krieg gefallen sei und schließlich ihren Chef heiratete. Doch 20 Jahre später kehrte ihr totgeglaubter E-gatte John inkognito in der Firma ihres zweiten Gatten auf.

In „The Secret Heart" („Geheimnis des Herzens", 1946) sah man Claudette Colbert als Witwe mit Liebeskummer. Bei den Dreharbeiten hierfür wurden sie und June Allyson (1917–2006) gute Freundinnen. Claudette wurde später Patentante von Pamela Powell, der Tochter von June. Von Erfolg gekrönt war auch „The Egg and I" („Das Ei und ich", 1947). Danach verlief die Filmkarriere von Claudette Colbert nur noch mittelmäßig. Neben Don Ameche und Robert Cummings (1908–1990) wirkte sie in „Sleep, My Love" („Schlingen der Angst", 1948) mit.

Als Schauspielerin achtete Claudette Colbert rigoros auf die Einhaltung vertraglich vereinbarter Arbeitszeiten. Wenn ein Drehtag bis 18 Uhr geplant war, verabschiedete sie sich exakt zu dieser Uhrzeit lächelnd mit den Worten: „Meine Herren, wir sehen uns morgen wieder". Dabei war es ihr völlig egal, ob eine Szene noch einmal wiederholt werden musste oder nicht. Außerdem bestand sie darauf, nur ihre linke Gesichtshälfte in Profilaufnahmen zu präsentieren. Als junges Mädchen hatte sie sich bei einem Unfall ihre Nase gebrochen, woran eine winzige Narbe auf der rechten Wange zeugte. Weil man ihr nicht vier Tage im Monat als bezahlten Zusatzurlaub geben wollte, lehnte Claudette Colbert 1948 die angebotene Hauptrolle in der Verfilmung des Broadway-Erfolges „State of the Union" ab. An ihrer Stelle übernahm Katharine Hepburn (1907–2003) diese Rolle. 1950 galt Claudette als erste Wahl für die Hauptrolle in „Alles über Eva". Doch sie verstauchte sich bei einem Sturz einen Wirbel und wurde schließlich von Bette Davis (1908–1989) ersetzt.

Während der 1950-er Jahre sah man Claudette Colbert in einem halben Dutzend Filmen. Beeindruckend war ihre Rolle in „Three Came Home" („Drei kehrten heim", 1950) nach den Erlebnisberichten der amerikanischen Schriftstellerin Agnes Newton Keith (1901–1982). Keith wurde im Zweiten Weltkrieg auf der Flucht vor den Japanern festgenommen und hatte zusammen mit anderen Frauen in einem Internierungslager dramatische Erlebnisse. Nach ihrem Film „The Secret Fury" („Die schwarze Lawine", 1950) erhielt Claudette vom Filmstudio „RKO" das Angebot, erstmals Regie zu führen, doch sie nahm diese Chance nicht wahr.

Im Thriller „Thunder on the Hill" („Schwester Maria Bonaventura", 1951) spielte Claudette Colbert eine unerschrockene Nonne, die einen Mord aufklärt. In „Si Versailles m'était conté" („Versailles – Könige und Frau-

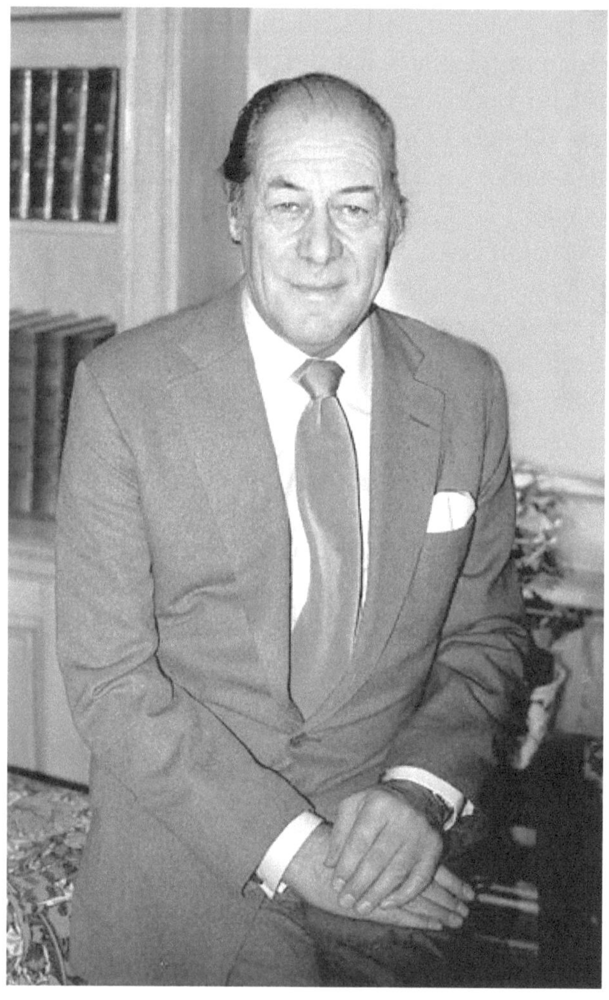

Rex Harrison (1908–1990)

en", 1954) verkörperte sie die Mätresse de Montespan von König Ludwig XIV. Nach „Texas Lady" („Des Teufels rechte Hand", 1955) zog sie sich einige Jahre vom Filmgeschäft zurück. Ab Mitte der 1950-er Jahre sah man sie oft auf dem Fernsehbildschirm.

Insgesamt drehte Claudette Colbert mehr als 60 Filme. Ihr letzter Kinofilm hieß „Parrish" („Sein Name war Parrish", 1961). Darin trat sie neben Troy Donahue (1936–2001) und Karl Malden (1912–2009) auf. Dieser Streifen wird als eher seichte Unterhaltung eingestuft.

Auf die Frage, wie es ihr gelungen sei, in Hollywood ein Star zu werden und lange zu bleiben, gab Claudette Colbert die Antwort: „Es bedarf dazu einer Anzahl Faktoren: Talent, gutes Aussehen, gründliche Kenntnis der Berufstechnik, Vertrauen zum Regisseur und sorgfältige Kleiderwahl".

Anfang der 1950-er Jahre spielte Claudette Colbert in Europa Theater. 1956 kehrte sie zum New Yorker Broadway zurück.

Am 26. Februar 1968 starb Dr. Joel Pressman, der zweite Ehemann von Claudette Colbert, an Leberkrebs. Die Ehe mit ihm hatte 32 Jahre gedauert.

1984 feierte Claudette Colbert mit „Aren't We All?" in New York City und in London auf der Theaterbühne große Triumphe. Später trat sie mit Rex Harrison (1908–1990) in diesem Stück auch in Australien auf. Die „Film Society" des „New York Lincoln Centers" ehrte sie 1984.

Beim Filmfestival in San Sebastian (Spanien) verlieh man ihr 1990 für ihr Lebenswerk den „Donostia Lifetime Achievement Award".

Nach 26-jähriger Pause trat Claudette Colbert für die TV-Produktion „The Two Mrs. Grenvilles" „Society", 1987) noch einmal vor die Fernsehkamera.

Einmal wurde Claudette Colbert gefragt, ob sie es bereuen würde, dass sie mehr im heiteren als im ernsten Fach reüssiert habe. Darauf antwortete sie, sie habe gern in Komödien gespielt und sei eine sehr gute Komödiantin gewesen. Ab er sie habe auch immer gegen dieses Image gekämpft und habe einfach nie das Glück gehabt, ein Luder zu verkörpern.

Die letzten Jahre ihres Lebens verbrachte Claudette Colbert in Speightstown auf der Karibikinsel Barbados und in ihrer Wohnung in New York City. Auf Barbados besaß sie ein prachtvolles Herrenhaus und lebte in großem Luxus. Angeblich soll eine Intervention von Claudette bei US-Präsident Ronald Reagan (1911–2004) der Auslöser für die US-Invasion auf der Nachbarinsel Grenada gewesen sein, als dort Kommunisten an die Macht kamen.

Am Dienstag, 30. Juli 1996, starb Claudette Colbert im Alter von 92 Jahren in ihrem Anwesen auf Barbados. Ihre letzte Ruhe fand sie auf dem Friedhof „Godings Bay Church Cemetery" in Speightstown (Gemeinde Saint Peter) auf Barbados.

Filme von Claudette Colbert

(Auswahl)

1927: Aus Liebe zu Mike (For the Love of Mike)
1929: Das Loch in der Wand (The Hole in the Wall)
1929: The Lady Lies
1930: Young Man of Manhattan
1930: The Big Pond
1930: Manslaughter
1930: La grande mare
1930: L'énigmatique Monsieur Parkes
1931: Honor Among Lovers
1931: Der lächelnde Leutnant (The Smiling
Lieutenant)
1931: Secrets of a Secretary
1931: His Woman
1932: The Wiser Sex
1932: Misleading Lady
1932: The Man from Yesterday
1932: The Phantom President
1932: Im Zeichen des Kreuzes (The Sign of the
Cross)
1933: Aufruhr in Utopia (Tonight
Is Ours)

1933: Hyänen des Meeres (I Cover the Waterfront)
1933: Ein Stück vom Mond (Three-Cornered Moon)
1933: Schwarzer Schwan (Torch Singer)
1934: Four Frightened People
1934: Es geschah in einer Nacht (It Happened One Night)
1934: Cleopatra
1934: Frauen am Scheidewege (Imitation of Life)
1935: Das Mädchen, das den Lord nicht wollte (The Gilded Lily)
1935: Oberarzt Dr. Monet (Private Worlds)
1935: Sie heiratet ihren Chef (She Married Her Boss)
1935: Frauen-Launen (The Bride Comes Home)
1936: Unter zwei Flaggen (Under Two Flags)
1937: Im Kreuzverhör (Maid of Salem)
1937: Pariser Bekanntschaft (I Met Him in Paris)
1937: Diese Nacht ist unsere Nacht (Tovarich)
1938: Blaubarts achte Frau (Bluebeard's Eighth Wife)
1939: Zaza
1939: Midnight – Enthüllung um Mitternacht (Midnight)
1939: Drunter und drüber (It's a Wonderful World)
1939: Trommeln am Mohawk (Drums Along the Mohawk)
1940: Der Draufgänger (Boom Town)
1940: Arise, My Love

1941: Eheposse (Skylark)
1941: Echo der Jugend (Remember the Day)
1942: Atemlos nach Florida (The Palm Beach Story)
1943: Keine Zeit für Liebe (No Time for Love)
1943: Mutige Frauen (So Proudly We Hail!)
1944: Als du Abschied nahmst (Since You Went Away)
1944: Sturzflug ins Glück (Practically Yours)
1945. Seine Frau ist meine Frau ((Guest Wife)
1946: Morgen ist die Ewigkeit (Tomorrow Is Forever)
1946: Without Reservations
1946: Geheimnis des Herzens (The Secret Heart)
1947: Das Ei und ich (The Egg and I)
1948: Schlingen der Angst (Sleep, My Love)
1948: Fünf auf Hochzeitsreise (Family Honeymoon)
1949: Noras schwache Stunde (Bride for Sale)
1950: Drei kehrten heim (Three Came Home)
1950: Die schwarze Lawine (The Secret Fury)
1951: Schwester Maria Bonaventura (Thunder on the Hill)
1951: Let's Make It Legal
1952: Weiße Frau im Dschungel (The Planter's Wife)
1954: Liebe, Frauen und Soldaten (Destinées)
1954: Versailles – Könige und Frauen (Si Versailles m'était conté)

1955: Des Teufels rechte Hand (Texas Lady)
1961: Sein Name war Parrish (Parrish)

Quelle: Wikipedia und Internet Movie Database

Literatur

DER SPIEGEL: Register. Gestorben. Claudette Colbert, S. 182, 5. August 1996, Hamburg
FEMBIO Frauen-Biographie-Forschung
http://www.fembio.org
HEINZLMEIER, Adolf / SCHULZ, Bernd / WITTE, Karsten: Die Unsterblichen des Kinos, Band 2, Glanz und Mythos der Stars der 40er und 50er Jahre, Frankfurt am Main 1980
INTERNET MOVIE DATABASE
(Film-Datenbank)
http://www.imdb.com
PROBST, Ernst: Superfrauen 7 – Film und Theater, Mainz-Kostheim 2001
PROBST, Ernst: Königinnen des Films, München 2012
PUBLIKUMSLIEBLINGE NICHT NUR VON GESTERN http://www.steffi-line.de
Internetseite von Stephanie D'heil, Düsseldorf
WIKIPEDIA (Online-Lexikon)
http://wikipedia.org
WINNERT, Derek (Herausgeber): Claudette Colbert. Aus: Kino. Die große Welt der Filme und Stars, S. 74/75, Niedernhausen 1995

Bildquellen

Klaus Benz, Fotograf, Mainz-Laubenheim: 36

Richard Godefroy/CC-BY3.0: 16 (via Wikimedia Commons), lizensiert unter CreativeCommons-Lizenz by-3.0-de
http://creativecommons.org/licenses/by/3.0/deed.de

Library of Congress, Prints and Photographs Division, Carl van Vechten Collection, Washington (Foto des amerikanischen Schriftstellers und Fotografen Carl van Vechten (1880–1964) vom 28. Mai 1928): 10 (Reproduction Number: LC-USZ62-103669)

Reproduktion eines Fotos aus dem britischen Magazin „Film Star Whot's Who in the Screen" von 1938: 8

Reproduktion eines Fotos eines Mitarbeiters der US-amerikanischen Bundesregierung oder einem seiner Organe in Ausübung seiner dienstlichen Pflichten: 14

Marc Heiko Ulrich, Hassel (Weser), Kunstzeichner.de: 1

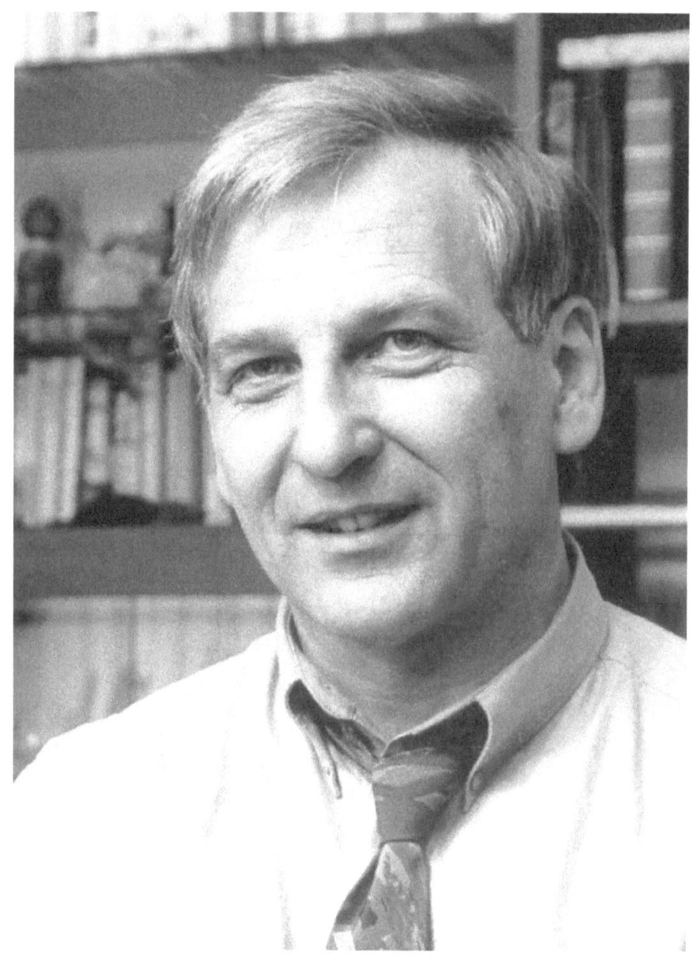

Autor Ernst Probst

Der Autor Ernst Probst

Ernst Probst, geboren am 20. Januar 1946 in Neunburg vorm Wald im bayerischen Regierungsbezirk Oberpfalz, ist Journalist und Wissenschaftsautor. Er arbeitete von 1968 bis 1971 als Redakteur bei den „Nürnberger Nachrichten", von 1971 bis 1973 in der Zentralredaktion des „Ring Nordbayerischer Tageszeitungen" in Bayreuth und von 1973 bis 2001 bei der „Allgemeinen Zeitung", Mainz. In seiner Freizeit schrieb er Artikel für die „Frankfurter Allgemeine Zeitung", „Süddeutsche Zeitung", „Die Welt", „Frankfurter Rundschau", „Neue Zürcher Zeitung", „Tages-Anzeiger", Zürich, „Salzburger Nachrichten", „Die Zeit", „Rheinischer Merkur", „Deutsches Allgemeines Sonntagsblatt", „bild der wissenschaft", „kosmos", „Deutsche Presse-Agentur" (dpa), „Associated Press" (AP) und den „Deutschen Forschungsdienst" (df). Aus seiner Feder stammen die Bücher „Deutschland in der Urzeit" (1986), „Deutschland in der Steinzeit" (1991) und „Deutschland in der Bronzezeit" (1996). Von 2001 bis 2006 betätigte sich Ernst Probst als Buchverleger sowie zeitweise als internationaler Fossilienhändler und Antiquitätenhändler. Insgesamt veröffentlichte er rund 200 Bücher, Taschenbücher, Broschüren und E-Books.

Bücher von Ernst Probst

(Auswahl)

Als Mainz noch nicht am Rhein lag

Annie Oakley
Die Meisterschützin des Wilden Westens

Archaeopteryx. Der Urvogel
aus Bayern

Christl-Marie Schultes. Die erste Fliegerin in Bayern
(zusammen mit Theo Lederer)

Cortés und Malinche. Der spanische Eroberer
und seine indianische Geliebte

Der Europäische Jaguar

Der Mosbacher Löwe
Die riesige Raubkatze aus Wiesbaden

Der Rhein-Elefant
Das Schreckenstier von Eppelsheim

Eiszeitliche Leoparden in Deutschland

Frauen im Weltall

Hildegard von Bingen. Die deutsche Prophetin

Höhlenlöwen. Raubkatzen
im Eiszeitalter

Julchen Blasius
Die Räuberbraut des Schinderhannes

Katharina II. die Große.
Die Deutsche auf dem Zarenthron

Johann Jakob Kaup
Der große Naturforscher aus Darmstadt

Königinnen der Lüfte in Deutschland

Königinnen der Lüfte in Europa

Königinnen der Lüfte in Amerika

Königinnen der Lüfte von A bis Z

Rund 70 Kurzbiografien berühmter Fliegerinnen,
Ballonfahrerinnen, Luftschifferinnen,
Fallschirmspringerinnen, Astronautinnen und
Kosmonautinnen

Königinnen des Films

Königinnen des Tanzes

Königinnen des Theaters

Malende Superfrauen

Meine Worte sind wie die Sterne

Die Entstehung der Rede des Häuptlings Seattle
(zusammen mit Sonja Probst)

Monstern auf der Spur
Wie die Sagen über Drachen, Riesen
und Einhörner entstanden

Neues vom Ur-Rhein
Interview mit dem Geologen und Paläontologen
Dr. Jens Sommer

Tony und Bruno Werntgen. Zwei Leben für die Luftfahrt
(zusammen mit Paul Wirtz)

Was ist ein Menhir?
Interview mit dem Mainzer Archäologen
Dr. Detert Zylmann

Weisheiten der Indianer

Wer ist der kleinste Dinosaurier?
Interviews mit dem Wissenschaftsautor Ernst Probst

Wer war der Stammvater der Insekten?
Interview mit dem Stuttgarter Biologen
und Paläontologen Dr. Günther Bechly

Zenobia von Palmyra.
Eine Frau kämpft gegen die Römer

Bestellungen bei: http://www.grin.com